ΧΑΡΤΟΓΡΑΦΗΣΗ ΜΥΑΛΟΥ

Οργανώστε, καινοτομήστε και σχεδιάστε
με χαρτογράφηση μυαλού

ΧΑΡΤΟΓΡΑΦΗΣΗ ΜΥΑΛΟΥ

Οργανώστε, καινοτομήστε και σχεδιάστε με χαρτογράφηση μυαλού

γραμμένο από Miguël Lecomte
μεταφρασμένο από Lina Sideris

ΧΑΡΤΟΓΡΑΦΗΣΗ ΜΥΑΛΟΥ

- **Πρόβλημα;** Το ανθρώπινο μυαλό είναι πολύπλοκο και η καθαρή σκέψη δεν είναι πάντα εύκολη, όταν υπάρχουν τόσα πολλά στοιχεία που πρέπει να ληφθούν υπόψη- γιατί λοιπόν και πώς μπορείτε να χρησιμοποιήσετε τη χαρτογράφηση του μυαλού για να δομήσετε τη σκέψη σας;

- **Για ποιο λόγο;** Η δημιουργία ενός χάρτη του μυαλού σας επιτρέπει να αποτυπώσετε γρήγορα τις ιδέες σας στο χαρτί, ενώ παράλληλα αναδεικνύονται άμεσα οι δεσμοί μεταξύ των διαφόρων στοιχείων.

- **Επαγγελματικό πλαίσιο ?** Εσωτερική παρουσίαση ή παρουσίαση πελατών, τήρηση σημειώσεων, καταιγισμός ιδεών, σχεδιασμός έργων, καινοτομία κ.λπ.

- **ΣΥΧΝΕΣ ΕΡΩΤΗΣΕΙΣ ?**

  - Τι κάνει έναν χάρτη μυαλού τόσο πρωτότυπο;

  - Πώς μπορώ να ξεκινήσω να φτιάχνω έναν χάρτη μυαλού;

  - Μπορεί να χρησιμοποιηθεί η χαρτογράφηση μυαλού για την παρουσίαση ενός έργου;

  - Ποια είναι τα κύρια πλεονεκτήματα της χαρτογράφησης του νου;

  - Πώς να διαβάσετε έναν χάρτη μυαλού;

- Πρέπει να χρησιμοποιήσω λογισμικό για να χαρτογραφήσω τις ιδέες μου;

- Χρειάζεται να έχω προχωρημένες γνώσεις πληροφορικής;

- Μπορεί η χαρτογράφηση του μυαλού να με βοηθήσει στις σπουδές μου;

- Ένας χάρτης μυαλού για κάθε έργο, αλήθεια;

Στη σημερινή σύγχρονη κοινωνία, όλοι πρέπει να είναι σε θέση να προσαρμόζονται στη συνεχώς αυξανόμενη ροή πληροφοριών που μας κατακλύζει καθημερινά. Επιπλέον, οι απαιτήσεις και οι διαχειριστικοί περιορισμοί που επιβάλλονται από την ταχύτητα με την οποία φτάνουν τα δεδομένα αυτά σε εμάς, συχνά μας αφήνουν αβοήθητους μπροστά στην ανάγκη να τα επεξεργαστούμε αποτελεσματικά και σε χρόνο ρεκόρ.

Σε αυτό το σημείο μπαίνει στο παιχνίδι μια τεχνική εμπνευσμένη από τη λειτουργία του ανθρώπινου εγκεφάλου: η χαρτογράφηση του μυαλού. Επιτρέπει στο χρήστη του να συνθέτει και να δομεί πληροφορίες, διεγείροντας τον προβληματισμό στο πλαίσιο τόσο της ατομικής όσο και της συλλογικής εργασίας. Επιπλέον, παραμερίζει τη γραμμική σκέψη προς όφελος της αποκλίνουσας σκέψης (της ικανότητας να οραματίζεται κανείς πολυάριθμες δυνατότητες με βάση μια κατάσταση, μια ιδέα ή ένα πρόβλημα).

Στην πράξη, η χαρτογράφηση μυαλού συνίσταται στη δημιουργία ενός χάρτη μυαλού σε χαρτί ή σε οποιοδήποτε άλλο μέσο, ξεκινώντας από μια κεντρική ιδέα (τον κορμό) και μπολιάζοντας πάνω της εφαρμογές (τα κλαδιά) που οδηγούν σε άλλες ιδέες. Μετά από μια διαδικασία νοητικών συσχετισμών, κάθε ομάδα ιδεών μπορεί να διακρίνεται από ένα ξεχωριστό χρώμα, το οποίο καθιστά οπτικά το σύνολο πιο ξεκάθαρο, λογικό, ελκυστικό και δομημένο. Τα "αξεσουάρ", όπως βέλη, κάψουλες, πινακίδες, σχέδια, σημειώσεις και άλλες διευκολύνσεις μπορούν επίσης να προστεθούν στο χάρτη του μυαλού σας.

Τα πεδία εφαρμογής είναι τόσο ποικίλα όσο και άπειρα, ώστε να μπορείτε να το χρησιμοποιήσετε όπως επιθυμείτε, ανάλογα με τις τρέχουσες ανησυχίες σας, είτε στην επιχείρηση (παραγωγικότητα, εκδηλώσεις κ.λπ.) είτε στο σπίτι (εκπαίδευση, αναψυχή, καθημερινή ζωή γενικά κ.λπ.). Αυτή η ισχυρή γραφική διαδικασία παρέχει ένα καθολικό κλειδί για την απελευθέρωση του πλήρους δημιουργικού και λογικού δυναμικού ενός ατόμου, ανεξάρτητα από το διανοητικό ή κοινωνικό του επίπεδο.

Με απλό και προσιτό τρόπο, το βιβλίο αυτό ανοίγει τις πόρτες στη χαρτογράφηση του νου, ένα πολύτιμο εργαλείο που μας επιτρέπει να χρησιμοποιούμε τα δύο εγκεφαλικά ημισφαίρια μας όταν σκεφτόμαστε ένα συγκεκριμένο θέμα.

Η ABC ΤΗΣ ΑΠΟΤΕΛΕΣΜΑΤΙΚΗΣ ΧΑΡΤΟΓΡΑΦΗΣΗΣ ΤΟΥ ΜΥΑΛΟΥ

ΟΡΙΣΜΟΣ

Η χαρτογράφηση του νου είναι μια μέθοδος, ένα εργαλείο ανα-παράστασης που καθιστά δυνατή την αποτύπωση της συνειρ-μικής σκέψης του ατόμου που δημιουργεί τον χάρτη του νου. Ο νοητικός χάρτης γίνεται τότε ένας καθρέφτης των όσων συμβαί-νουν στον εγκέφαλο: αναπαράγει ένα προσωπικό και μοναδικό όραμα χρησιμοποιώντας τη φανταστική γλώσσα του εγκεφά-λου (λέξεις-κλειδιά, εικόνες, χρώματα κ.λπ.).

Γνωστός ως mind map, mind map ή idea map, αυτός ο τύπος αναπαράστασης είναι μια διαδικασία που συνδυάζει λέξεις, εικονογράμματα και χρώματα γύρω από έναν κεντρικό στόχο: παίρνει τη μορφή ενός γραφήματος διακλαδώσεων, ενός δέντρου. Συνδεδεμένες με αυτόν τον πυρήνα, οι ιδέες αρθρώ-νονται σαν κλαδιά γύρω από έναν κορμό.

MIND MAPPING ΣΤΗΝ ΥΠΗΡΕΣΙΑ ΣΑΣ

Υγεία, οικονομικά, εργασία, σχέσεις, εκδρομές, ιστορία, γεω-γραφία, επιστήμη, συναντήσεις, μαγειρική... Όλες οι συνήθεις καταστάσεις της ζωής, είτε προσωπικές είτε επαγγελματικές, μπορεί να απαιτούν τη χρήση της χαρτογράφησης του νου.

Ο επαγγελματικός κόσμος

Μέσα σε μια ομάδα, η χαρτογράφηση του νου είναι ένα απλό και αποτελεσματικό εργαλείο επικοινωνίας. Αυξάνει το επίπεδο συνάφειας των ιδεών που προβάλλονται και αποτελεί εναλλακτική λύση στις συνήθεις γραμμικές μεθόδους παρουσίασης. Ενισχύει τη δημιουργικότητα που προκαλεί καθώς και την παραγωγικότητα, επειδή εξοικονομεί χρόνο ή/και χρήμα χάρη στη σαφήνεια και την απλότητά του. Ως εκ τούτου, συμβάλλει ενεργά στην ανάπτυξη των εταιρειών που το χρησιμοποιούν. Η ποικιλομορφία της χρήσης του είναι απεριόριστη, καθώς μπορεί να προσαρμοστεί σε κάθε περίπτωση. Για παράδειγμα, μπορεί να χρησιμοποιηθεί για :

- να συνεργάζεστε με συναδέλφους, πελάτες ή συνεργάτες,

- απομνημονεύστε μια παρουσίαση ή ομιλία ,

- συγγραφή άρθρων, εκθέσεων, επιστολών ή προδιαγραφών,

- Οργάνωση και διευκόλυνση έργων ή μιας συνάντησης,

- να διαχειρίζεστε το χρόνο σας με την ιεράρχηση των καθηκόντων και την τοποθέτηση προτεραιότητας σε ορισμένες εργασίες,

- να αναπτύσσουν δημιουργικότητα, μόνοι τους ή κατά τη διάρκεια ενός ομαδικού καταιγισμού ιδεών, για την επίλυση ενός προβλήματος ή την πρόβλεψη των πιθανών κινδύνων μιας νέας κατάστασης,

- να κρατάτε σημειώσεις κατά τη διάρκεια ενός συνεδρίου, μιας συνάντησης, μιας συνέντευξης ή της ανάγνωσης ενός βιβλίου (μη διστάσετε να συνδυάσετε χάρτες μυαλού και παραδοσιακές σημειώσεις),

- επικοινωνείτε σε εκπαίδευση, παρουσίαση ή ομιλία.

Συνεργασία με άλλους

Καθώς η χαρτογράφηση του νου είναι μια μέθοδος που είναι ιδιαίτερα κατάλληλη για οτιδήποτε έχει σχέση με τη δημιουργικότητα, δεν είναι ασυνήθιστο να χρησιμοποιείται κατά τη διάρκεια ενός brainstorming μεταξύ των εργαζομένων μιας εταιρείας. Αυτή η τεχνική ενεργοποιεί τη δημιουργικότητα και απλοποιεί την παραγωγή ιδεών σε μια ομάδα. Οι δυναμικές αλληλεπιδράσεις δημιουργούν μεγάλο αριθμό ιδεών, ενώ η μέθοδος επιτρέπει την οργάνωση, την ανάλυση και την ανάλυσή τους με σκοπό την εξαγωγή όσο το δυνατόν περισσότερων πιθανών ιδεών.

Συγκεκριμένα, μια τέτοια συνάντηση εργασίας πραγματοποιείται ως εξής:

- **τη φάση της αποκλίνουσας (δημιουργικής) σκέψης,**

  - Μια ομάδα – από 4 έως 12 αφοσιωμένα, με κίνητρα και, πάνω απ' όλα, πολύ διαφορετικά άτομα – καθοδηγείται από έναν συντονιστή, του οποίου ο ρόλος είναι να ενορχηστρώνει, να διεγείρει και να κατευθύνει τους συμμετέχοντες, ενώ παράλληλα να παίρνει τη ροή των ιδεών που παράγονται χωρίς λογοκρισία ή σχόλια,

  - η πολυφωνία είναι πηγή έμπνευσης και εφευρετικότητας- η κριτική εξοβελίζεται από τη διατύπωση των ακατέργαστων ιδεών, διότι σε κάθε άποψη υπάρχει δυναμικό,

  - η φαντασία και ο αυθορμητισμός είναι το ζητούμενο,

- **η φάση της συγκλίνουσας (κριτικής) σκέψης.** Στη συνέχεια, όπως και στο ράγκμπι, είναι απαραίτητο να "μετασχηματίσετε τη δίκη", να μετατρέψετε το ακαθάριστο σε καθαρό, να μετατρέψετε τις ιδέες σε λύσεις, να δημιουργήσετε νέες, τελειοποιήσιμες και ρεαλιστικές προοπτικές για τη δημιουργία αποτελεσμάτων. Στο τέλος, ένας περιορισμένος αριθμός ιδεών θα τελειοποιηθεί σε ένα συγκεκριμένο θέμα, ενώ ένας κατάλογος με αρκετές άλλες ιδέες θα παραμεριστεί για μελλοντική ανάλυση και ανάπτυξη.

Επομένως, μπορούμε να κατανοήσουμε καλύτερα τη χρήση και τις επιδόσεις της χαρτογράφησης του νου σε μια συνεδρία καταιγισμού ιδεών. Σε αυτού του είδους τις συναντήσεις, είναι μερικές φορές απαραίτητο να δομηθούν πολύπλοκα αρχεία ή φιλόδοξα σχέδια. Η χρήση ενός χάρτη μυαλού το καθιστά αυτό δυνατό με απλό και διαισθητικό τρόπο. Η διαχείριση των έργων κάθε είδους θα είναι ευκολότερη, τα στοιχεία που αναλύονται έτσι σε μια δομή θα προσφέρουν ισχυρές επιλογές συνεργασίας και θα ευνοήσουν την επιτυχία.

 ΣΥΣΤΑΣΕΙΣ ΕΚΦΡΑΣΗΣ

Στο πλαίσιο μιας συνεργατικής ανταλλαγής και για τη διατήρηση του ομαδικού πνεύματος :

- Να γνωρίζετε ότι δεν υπάρχουν κακές ιδέες και ότι όλα υπόκεινται σε περαιτέρω ανάλυση,

- να ηρεμήσουν τα κυρίαρχα στοιχεία, εκείνα που μονοπωλούν τις ανταλλαγές απόψεων, διαφορετικά η συνάντηση θα καταστεί γρήγορα στείρα,

- ενθαρρύνετε τον αυθορμητισμό,

- Επαναλάβετε μια συνεδρία αν χρειαστεί, αλλά μην την αφήσετε να διαρκέσει πολύ- μια μικρή ώρα είναι συνήθως υπεραρκετή.

Για να απελευθερώσετε περαιτέρω τη δημιουργικότητα των συμμετεχόντων, δοκιμάστε να παίξετε ρόλους με διαφορετικές τοποθεσίες, χαρακτήρες, περιβάλλοντα ή χαρακτηριστικά.

- Βάλτε τον εαυτό σας στη θέση των υπερηρώων, όπως ο Hulk, ο Spiderman κ.λπ. Πώς αντιλαμβάνεστε το κεντρικό θέμα, τώρα που έχετε συγκεκριμένες εξουσίες;

- Αλλάξτε την εθνικότητά σας για μια συνάντηση, με ό,τι αυτό συνεπάγεται.

- Χρησιμοποιήστε την τεχνική της αντίστροφης σκέψης, δηλαδή αναζητήστε το αρνητικό σε μια θετική κατάσταση και το αντίστροφο. Για παράδειγμα, από μια ερώτηση όπως "Τι περισσότερο μπορώ να κάνω;", αναρωτηθείτε "Πώς μπορώ να κάνω όσο το δυνατόν λιγότερα;". Ένα άλλο παράδειγμα: "Ποιο(α) πλεονέκτημα(α) θα είχε μια εταιρεία αν έδινε δωρεάν τα προϊόντα της; Η ιδέα είναι να ενθαρρυνθούν όσο το δυνατόν περισσότερες οριακές προτάσεις. Από αυτό, θα προκύψουν κάποιες ρεαλιστικές και θετικές λύσεις, ενώ οι αρνητικές λύσεις, οι οποίες είναι μερικές φορές ευκολότερο να βρεθούν, μπορούν να αντιστραφούν θετικά.

Διδασκαλία

Το ίδιο ισχύει και για τη διδασκαλία, και αυτό δεν είναι καινούργιο! Ένας αστικός θρύλος υποστηρίζει μάλιστα ότι ο χάρτης του μυαλού "γεννήθηκε" σε ένα σχολικό παγκάκι... Πόσους μαθητές έχουμε δει να συντάσσουν διαισθητικά γραφήματα ή περιλήψεις σημείο προς σημείο για να κατακτήσουν καλύτερα ένα σημαντικό θέμα;

Επιπλέον, ορισμένα λογισμικά χαρτογράφησης μυαλού προσφέρουν ενσωμάτωση με το MS Office, επιτρέποντας τη μεταφορά ιδεών μεταξύ μαθητών και σε άλλες μορφές. Η χρησιμότητα των χαρτών νου σε αυτό το πλαίσιο είναι εξίσου μεγάλη όπως και στον επαγγελματικό κόσμο, τόσο για τους μαθητές όσο και για τους εκπαιδευτικούς. Είναι ιδιαίτερα χρήσιμα για :

- να παρουσιάσετε το περίγραμμα του μαθήματος ,

- οπτικοποιήστε έννοιες ,

- γράφοντας απομνημονεύματα και δοκίμια,

- βελτίωση της κριτικής σκέψης, διερεύνηση διαφορετικών απόψεων,

- Διεξαγωγή συνεδριών καταιγισμού ιδεών,

- κ.λπ.

ΠΡΟΕΤΟΙΜΑΣΙΑ

Εκμεταλλευτείτε στο έπακρο τον εγκέφαλό σας

Πρώτα απ' όλα, είναι σημαντικό να κατανοήσουμε πώς λειτουργεί ο εγκέφαλος. Ο εγκέφαλος αποτελείται από 170 δισεκατομμύρια κύτταρα – 100 δισεκατομμύρια εκ των οποίων είναι νευρώνες – τα οποία μας επιτρέπουν να σκεφτόμαστε, να μιλάμε, να φανταζόμαστε, να σχεδιάζουμε κ.λπ. Χωρίζεται σε δύο ημισφαίρια: το αριστερό, το οποίο χειρίζεται συγκεκριμένες λειτουργίες όπως ο υπολογισμός, η ακοή, η γλώσσα και η λογική ανάλυση, και το δεξί, το οποίο διέπει τη διαίσθηση, την όραση, την ερμηνεία και τα συναισθήματα.

Δεδομένου ότι εμπλέκει και τα δύο ημισφαίρια, σε αντίθεση με την παραδοσιακή καταγραφή σημειώσεων, ο χάρτης του μυαλού έχει ως στόχο να αντανακλά τον τρόπο με τον οποίο ο εγκέφαλος αναλύει και επεξεργάζεται τις πληροφορίες: αναδύεται μια ιδέα (κεντρική ιδέα), στη συνέχεια, κατά τη διάρκεια της ανάλυσης, σχηματίζονται διακλαδώσεις (γραμμές σκέψης) μέχρι να αρθρωθούν προοδευτικά γύρω από το κεντρικό θέμα. Η παρουσίαση σε δενδροειδή δομή, η χρήση χρωμάτων, εικόνων και διαφόρων λέξεων-κλειδιών για τη διάκριση των ιδεών, καθώς και η επισήμανση των συνδέσμων μεταξύ αυτών των στοιχείων επιτρέπουν στον ανθρώπινο εγκέφαλό μας να ενσωματώσει το μήνυμα που μεταφέρεται πιο γρήγορα από ό,τι κατά την ανάγνωση ενός συνεχούς κειμένου.

Ωστόσο, καθώς ο άνθρωπος είναι πάνω απ' όλα ένα κοινωνικό ζώο, για να αξιοποιήσει με τον καλύτερο δυνατό τρόπο τον εγκέφαλό του, πρέπει να μάθει να μοιράζεται, να ακούει και να συνομιλεί με τους άλλους. Αν και η χαρτογράφηση του νου είναι ένα εργαλείο για προσωπική χρήση, είναι επίσης κατάλληλο για κοινοτική χρήση. Θέστε τις δημιουργίες σας στη διάθεση των συναδέλφων, της οικογένειας και των φίλων σας, ώστε να δημιουργήσετε το μέγιστο δυνατό άνοιγμα και δυνατότητες.

Οργάνωση του εξοπλισμού σας

Ένα από τα πλεονεκτήματα του χάρτη του νου είναι ότι απαιτεί πολύ λίγο υλικό για να αναπτυχθεί:

- ένα χάρτινο υποστήριγμα (όπως ένα τετράδιο με αποσπώμενα φύλλα), ώστε να μπορείτε εύκολα να εναλλάσσετε και να ταξινομείτε τις ιδέες σας κατά σειρά όταν κρατάτε γρήγορες σημειώσεις. Αυτός ο τύπος φύλλου είναι επίσης πολύ χρήσιμος εάν θέλετε ή χρειάζεται να δανείσετε, να σαρώσετε ή να φωτοτυπήσετε ένα ή περισσότερα από τα στοιχεία που περιέχονται στα φύλλα,

- μολύβι, γόμα, ξύστρα για τα πρώτα σχέδια και σκίτσα,

- ένα μαρκαδόρο ή ένα στυλό με σβησμένο μελάνι για να καθαρίσετε ,

- Μαρκαδόρους ή χρωματιστά μολύβια για να οργανώσετε τις πληροφορίες σας ανά χρώμα,

Αν προτιμάτε να εργάζεστε σε υπολογιστή, θα πρέπει να εξοικειωθείτε με ένα από τα πολλά πακέτα λογισμικού που διατίθενται για το σκοπό αυτό. Ωστόσο, θα πρέπει να γνωρίζετε ότι, αν και έχουν ορισμένα πλεονεκτήματα, όπως η δυνατότητα τροποποίησης του χάρτη σας κατά βούληση ή η γρήγορη ανταλλαγή πληροφοριών, αφήνουν λιγότερα περιθώρια για δημιουργικότητα.

Ο καθένας μας έχει έναν προσωπικό τρόπο εργασίας. Θα βελτιώσετε την εργαλειοθήκη σας με την πάροδο του χρόνου.

ΥΛΟΠΟΙΗΣΗ

Οργάνωση των ιδεών σας

Ειδικά αν ο στόχος σας είναι να κάνετε μια συνεδρία δημιουργικότητας χρησιμοποιώντας χαρτογράφηση του νου, θα πρέπει να μπείτε στο σωστό πλαίσιο του μυαλού σας εκ των προτέρων. Προετοιμάστε το μυαλό σας γι' αυτό για να μεγιστοποιήσετε τις πιθανότητες επιτυχίας σας. Ακολουθεί μια πολύ απλή τεχνική τριών βημάτων για να σας βοηθήσει να το κάνετε αυτό:

- Επικεντρωθείτε στην οπτικοποίηση του στόχου, η οποία θα παρακινήσει τις ενέργειές σας για την επίτευξή του, και ξεχάστε όλα τα υπόλοιπα. Το να οραματίζεστε το ιδανικό σημαίνει να οπλίζετε τον εαυτό σας με τη θέληση να φτάσετε εκεί,

- φανταστείτε μια ιδέα, ένα πρόβλημα, μια έννοια και βάλτε το μυαλό σας γύρω από αυτό προσπαθώντας να του δώσετε μια εικόνα,

- Χρησιμοποιήστε αυτή την εικόνα ως αφετηρία για τον προβληματισμό σας και στη συνέχεια προσθέστε όλες τις πιθανές συνέπειες, όπως ενέργειες που πρέπει να γίνουν, αξεσουάρ που απαιτούνται, ερωτήματα που πρέπει να τεθούν κ.λπ.

Κατασκευή του χάρτη μυαλού

Πρακτικά, για να τα αποτυπώσετε όλα αυτά στο χαρτί, μπορείτε να δημιουργήσετε έναν χάρτη μυαλού. Καθώς δεν είναι πάντα εύκολο να οργανώσετε τις ιδέες σας με σαφήνεια, η χρήση ενός χάρτη του μυαλού θα σας προσφέρει μια σταθερή βάση και δομή για τις σκέψεις σας, επιτρέποντάς σας να αποφύγετε να πνιγείτε στην ποσότητα των πληροφοριών που παράγονται.

Ξεκινήστε κάνοντας προσχέδια από το κύριο θέμα σας. Συνδέστε ένα, στη συνέχεια περισσότερα στοιχεία, ό,τι σας έρθει στο μυαλό – αλλά προσπαθήστε να μην υπερβείτε τα δέκα περίπου από αυτά τα στοιχεία πρώτου επιπέδου – και συνθέστε τα σε μια ενιαία λέξη-κλειδί, σχέδιο ή εικονογράφημα.

◉ ΜΟΝΑΔΙΚΕΣ ΛΕΞΕΙΣ-ΚΛΕΙΔΙΑ

Αποφύγετε προτάσεις, ακόμη και δύο λέξεων, οι οποίες θα μπλοκάρουν τη φαντασία σας, κλειδώνοντάς την στο πρώτο κουτί που σκεφτήκατε. Μια μόνο λέξη θα ενθαρρύνει περισσότερους συνειρμούς. Εάν, για παράδειγμα, η προηγούμενη λέξη-κλειδί σας οδήγησε στην ιδέα "μπουκέτο λουλουδιών", είναι πιθανό να εστιάσετε μόνο σε αυτή την εικόνα. Από την άλλη πλευρά, η απλή εισαγωγή του όρου "λουλούδια" θα σας επιτρέψει να διευρύνετε την άποψή σας σε άλλες έννοιες, όπως "κήπος", "φύση", "παρτέρι", "μάζεμα", "καλλιέργεια", "άνοιξη" κ.λπ.

Σύντομα θα διαπιστώσετε ότι μια ιδέα οδηγεί σε τέσσερις ή πέντε άλλες, οι οποίες με τη σειρά τους εμπνέουν περαιτέρω καταιγισμό ιδεών – κυριολεκτικά τόνους ιδεών! Δοκιμάστε διάφορες εναλλακτικές λύσεις σύμφωνα με την κεντρική ιδέα. Διατηρήστε μια καλή δόση αυθορμητισμού και ανοίξτε έτσι το πεδίο των δυνατοτήτων. Μη διστάσετε να διαγράψετε, να διαγράψετε, να σβήσετε, να επιστρέψετε σε μια ιδέα κ.λπ. Μόνο μετά θα πρέπει να το καθαρίσετε.

Συνδέστε αυτές τις ιδέες μεταξύ τους, χρησιμοποιώντας βέλη, εικονογράμματα ή/και σχέδια. Η χρήση μνημονικών σχεδίων και χρήσιμων σημειώσεων μας ενισχύει στην αναζήτηση και την επίτευξη του στόχου. Στη φαντασία μας, είναι πολύ υποβλητικά και έτσι μας κάνουν να βλέπουμε εκπληκτικές δυνατότητες. Εμπλουτίζουν την ικανότητά μας να προσεγγίζουμε και να αναλύουμε ένα θέμα.

Παραδείγματα ενώσεων:

- σκύλος = άμυνα ,

- brick = build ,

- πουλί = ελευθερία ,

- index pointed = go to ,

- βόμβα = προσοχή ,

- και ούτω καθεξής ανάλογα με την προσωπική σας αντίληψη.

Μερικά παραδείγματα εικονογραμμάτων:

Όσον αφορά τη χρήση των χρωμάτων, το τελευταίο βασικό σημείο που πρέπει να σημειωθεί, παίζουν ουσιαστικό ρόλο στην ανάπτυξη του χάρτη του μυαλού σας, για δύο λόγους:

- Αποτυπώνονται εντυπωσιακά στη διάνοιά μας και κωδικοποιούνται. Επισημαίνουν διάφορες έννοιες και μας υπενθυμίζουν ορισμένους συγκεκριμένους κώδικες στην καθημερινή ζωή:

  - κόκκινο = επανάσταση, αγάπη για τη ζωή, πάθος ,

  - μαύρο = μυστήριο, σιωπή, εξουσία, θλίψη,

  - μπλε = διάστημα, ωκεανός, συνάντηση ,

  - κίτρινο = χαρά, γιορτή, μοίρασμα ,

  - λευκό = ειρήνη, ηρεμία, γαλήνη, αγνότητα,

  - κ.λπ.

- απολαμβάνουν! Η μίξη των χρωμάτων, η ποικιλία των αποχρώσεων, η συναισθηματική δύναμη που προκαλούν- όλα αυτά σαγηνεύουν το μάτι και μας βάζουν αυθόρμητα σε καλή διάθεση. Ένα χαρούμενο άτομο είναι πολύ πιο πιθανό να επιτύχει τους στόχους του από ένα βαρετό άτομο, και διατηρούμε καλύτερα αυτό που μας αρέσει.

- Σχεδιάστε τα κεντρικά κλαδιά πιο πυκνά από τα δευτερεύοντα κλαδιά, για να δείξετε στον εγκέφαλό σας τη σειρά σπουδαιότητας των ιδεών.

- Επισημάνετε ορισμένο περιεχόμενο μεταβάλλοντας το μέγεθος της γραμματοσειράς ή τη μορφοποίηση, μεγεθύνοντας ορισμένες εικόνες κ.λπ.

- Μην βάζετε τις λέξεις-κλειδιά σας σε ένα πλαίσιο ή μια φούσκα, αφήστε τις ελεύθερες: θα αποτελέσουν πηγή δημιουργικότητας στο μυαλό σας.

- Αντ' αυτού, επισημάνετε τις διακλαδώσεις που σχηματίζουν ένα λογικό σύνολο (ίδια ιδέα, ίδια έννοια κ.λπ.) με ένα χρωματιστό σύννεφο/κύκλο/τετράγωνο.

- Εάν χρησιμοποιείτε λογισμικό, προσθέστε υπερσυνδέσμους για πηγές, αναφορές ή πρόσθετες πληροφορίες.

- Αν φτιάχνετε τον χάρτη του μυαλού σας με το χέρι, γράψτε τις λέξεις σε ευθεία γραμμή για καλύτερη ορατότητα.

- Συνδέστε καλά τα κλαδιά μεταξύ τους, μην αφήνετε κενό μεταξύ δύο στοιχείων, για να συνδέσετε τις ιδέες στο μυαλό σας.

- Όταν νομίζετε ότι έχετε τελειώσει, προσθέστε μερικά κενά κλαδιά για να διεγείρετε τον εαυτό σας και να ενθαρρύνετε τον εγκέφαλό σας να δημιουργήσει νέους συνειρμούς ιδεών.

ΕΝΑ ΠΑΡΑΔΕΙΓΜΑ ΕΦΑΡΜΟΓΗΣ: ΠΡΩΤΟ ΜΥΘΙΣΤΟΡΗΜΑ

Για να είμαι ειλικρινής μαζί σας, δεν ήξερα για τη χαρτογράφηση του μυαλού όταν ξεκίνησα το πρώτο μου μυθιστόρημα. Έμεινε αδρανές στο συρτάρι μου για περίπου δέκα χρόνια, μέχρι που μια μέρα ξεσκόνισα τις πρώτες 90 σελίδες που είχα γράψει, καθώς και τον χάρτη του μυαλού που είχα χρησιμοποιήσει.

Βλέπετε, είναι πολύ (υπερβολικά) απλοϊκό. Θα μπορούσα να σχεδιάσω ένα βιβλίο με τη λέξη "Roman" γραμμένη μέσα σε αυτό για να δώσω έναν οπτικό "τόνο", να βάλω λίγο χρώμα, να σχεδιάσω εικονογράμματα, να κάνω σημειώσεις, να εμβαθύνω με νέα κλαδιά κ.λπ.

Υπάρχουν τόσες πολλές δυνατότητες που σας καλώ να δοκιμάσετε ξανά και ξανά, να μάθετε τις διαφορετικές μεθόδους, να εφεύρετε, να δημιουργήσετε. Το ξεκίνημά σας μπορεί να μοιάζει με το δικό μου αδύναμο σκίτσο (αν και με βοήθησε να φτιάξω το πρώτο μου μυθιστόρημα, επειδή στην πρώτη μου σελίδα δεν ήξερα πού πήγαινα- είχα απλώς την αρχική μου ιδέα. Η σαφήνεια αυτού του μικρού σχεδίου με οδήγησε σε πολλές καλές κατευθύνσεις, κ.ο.κ.), αλλά πολύ γρήγορα, με διαισθητικό και προσωπικό τρόπο, ο χάρτης του μυαλού σας θα μεγαλώσει, μέχρι να φτάσετε σε ένα αποτέλεσμα που σας ικανοποιεί.

◉ΛΟΓΙΣΜΙΚΟ FREEMIND

Το Freemind είναι ένα πολύτιμο και δωρεάν εργαλείο (τουλάχιστον η βασική έκδοση) που θα σας βοηθήσει να δημιουργήσετε τους χάρτες του μυαλού σας. Για να το βρείτε, κάντε μια απλή αναζήτηση μέσω της μηχανής αναζήτησης.

Παρεμπιπτόντως, να τι θα μπορούσε να έχει γίνει το "αδύναμο σκίτσο" μου με ένα κατάλληλο εργαλείο όπως το Freemind ή οποιοδήποτε άλλο λογισμικό για το σκοπό αυτό (επίσης Word, LibreOffice κ.λπ.).

Και ούτω καθεξής, γιατί φυσικά μπορούμε πάντα να ξαναδουλέψουμε τον χάρτη, εφόσον έχουμε ιδέες. Σημειώστε ότι θα μπορούσαμε επίσης να το είχαμε κάνει με το χέρι, είναι απλώς θέμα παρουσίασης. Στην πραγματικότητα, όλα εξαρτώνται από τις επιθυμίες και τις ανάγκες σας.

Ας πάμε παραπέρα!

ΚΟΡΥΦΑΙΕΣ ΣΥΜΒΟΥΛΕΣ

- Τοποθετήστε το χαρτί σας σε οριζόντια διάταξη για να ενθαρρύνετε την καλύτερη οργάνωση του χώρου και μια πιο ευάερη προβολή.

- Χρησιμοποιήστε λέξεις-κλειδιά για να δημιουργήσετε σχετικές συσχετίσεις ιδεών. Αποφύγετε προτάσεις, ακόμη και σύντομες, που περιορίζουν τη σκέψη σας.

- Ιεραρχήστε τις ιδέες σας χρησιμοποιώντας γραφικά στοιχεία:

  ○ χρησιμοποιήστε εικόνες και εικονογράμματα αν μπορείτε, ο αντίκτυπός τους είναι πιο άμεσος,

  ○ σχεδιάστε τους κεντρικούς κλάδους παχύτερα από τους περιφερειακούς κλάδους. Αυτό θα υποδείξει στον εγκέφαλό σας τα επίπεδα σπουδαιότητας στο χάρτη του μυαλού σας,

  ○ μεταβάλλετε το μέγεθος της γραμματοσειράς για να τονίσετε τη δύναμη ορισμένων λέξεων,

  ○ Δημιουργήστε την ψευδαίσθηση του όγκου προσθέτοντας τρισδιάστατα εφέ στα σχέδιά σας για να τους δώσετε μεγαλύτερη βαρύτητα και παρουσία. Αυτό ενισχύει την επίδρασή τους στον εγκέφαλο και την ευχάριστη εικόνα του χάρτη του μυαλού, γεγονός που με τη σειρά του διευκολύνει τη μνήμη,

- ο τα χρώματα είναι εξαιρετικά σημαντικά για να διακρίνετε τις ιδέες σας μεταξύ τους. Ξεκινώντας από το κεντρικό στοιχείο, χρησιμοποιήστε ένα χρώμα για κάθε διακλάδωση πρώτου επιπέδου- αυτό θα κάνει το έργο σας πιο δομημένο και όμορφο,

  - ο Ταξινομήστε τις ιδέες σας αριθμητικά ή αλφαβητικά, για να διευκολύνετε την ανάγνωση και την απομνημόνευση του χάρτη του μυαλού σας.

- Προσθέστε κενά κλαδιά για να ενθαρρύνετε τον εγκέφαλό σας να συνδέσει νέες ιδέες.

- Γράψτε τις λέξεις ευανάγνωστα, χωρίς σβησίματα (για την εργασία στο δίκτυο). Ένα καθαρό και τακτοποιημένο έγγραφο σας κάνει να θέλετε να βουτήξετε μέσα.

- Μόνος είναι καλό, μαζί είναι καλύτερο! Είναι πιο φιλικό και δημιουργούμε περισσότερες διαφορετικές ιδέες ως ομάδα.

- Βεβαιωθείτε ότι έχετε έναν χώρο εργασίας (και για τους άλλους, αν είστε σε ομάδα) που σας ταιριάζει.

- Η μικρή ποσότητα του απαιτούμενου εξοπλισμού καθιστά τη χαρτογράφηση του νου μια ανέξοδη δραστηριότητα. Θυμηθείτε λοιπόν να αγοράζετε ποιοτικά εργαλεία.

- Υπάρχουν πολλά διαθέσιμα πακέτα λογισμικού, τα περισσότερα από τα οποία είναι καλής ποιότητας. Δοκιμάστε και επιλέξτε το καλύτερο για τη δραστηριότητά σας.

- Μοιραστείτε τις εμπειρίες και τις δημιουργίες σας στο διαδίκτυο, με την οικογένεια και τους φίλους σας, και θα γίνετε πλουσιότεροι.

ΣΥΧΝΕΣ ΕΡΩΤΗΣΕΙΣ

ΤΙ ΚΑΝΕΙ ΕΝΑΝ ΧΑΡΤΗ ΜΥΑΛΟΥ ΤΟΣΟ ΠΡΩΤΟΤΥΠΟ;

Ο χάρτης του νου είναι μια πρωτότυπη μέθοδος λόγω του τρόπου λειτουργίας του: είναι οργανωμένος με βάση συσχετίσεις ιδεών, όπως ακριβώς και ο εγκέφαλος. Πολύ οπτικό, σας επιτρέπει να συγκεντρώνετε γρήγορα τις προσωπικές σας ιδέες ή αυτές που εκφράζονται κατά τη διάρκεια μιας συνάντησης ή μιας συνέντευξης σε μία μόνο σελίδα. Έτσι, διευκολύνοντας την καταγραφή σημειώσεων, βοηθά επίσης στην απομνημόνευση χάρη στους δεσμούς που δημιουργούνται μεταξύ των στοιχείων.

Ωστόσο, εάν υπάρχουν πολλά στοιχεία που πρέπει να ληφθούν υπόψη, ο χάρτης του νου θα γίνει γρήγορα δυσανάγνωστος- σε αυτή την περίπτωση, είναι πάντα δυνατό να διασπάσετε τον χάρτη σε επιμέρους χάρτες σε ξεχωριστά φύλλα, προκειμένου να απλοποιήσετε τις πληροφορίες και, συνεπώς, την παρουσίαση και την απομνημόνευσή τους.

ΠΩΣ ΜΠΟΡΩ ΝΑ ΞΕΚΙΝΗΣΩ ΝΑ ΦΤΙΑΧΝΩ ΕΝΑΝ ΧΑΡΤΗ ΜΥΑΛΟΥ;

Αν θέλετε να φτιάξετε έναν χάρτη νου με λογισμικό, θα πρέπει να ξεκινήσετε με την καλή γνώση του, καθώς ένα από τα σημαντικότερα πλεονεκτήματα του χάρτη νου είναι η ταχύτητα με την οποία σας επιτρέπει να οργανώσετε τις ιδέες σας, ένα πλεονέκτημα που θα χαθεί αν μπερδευτείτε με το λογισμικό που έχετε επιλέξει.

Αν επιλέξετε την παραδοσιακή μέθοδο, σε ένα κομμάτι χαρτί ή σε έναν πίνακα, θα πρέπει να ξεκινήσετε εντοπίζοντας το θέμα ή την κύρια ιδέα της κάρτας και να την αναπαραστήσετε στο κέντρο του μέσου σας. Ενώ αυτό μπορεί να γίνει απλά με λέξεις, μπορείτε επίσης να θέσετε στον εαυτό σας την ερώτηση "Ποια εικόνα μου προκαλεί καλύτερα αυτή την ιδέα;" και να την απεικονίσετε με ένα υποβλητικό σχέδιο ή εικονόγραμμα. Από εκεί και πέρα, αφήστε τις ιδέες να σας έρθουν, χωρίς να σκέφτεστε πολύ για το πώς θα τις οργανώσετε: αρχικά, γράψτε τους συνδέσμους που σας έρχονται αυθόρμητα. Πάντα θα υπάρχει χρόνος για να εργαστείτε στη συνοχή αργότερα.

ΜΠΟΡΕΙ ΝΑ ΧΡΗΣΙΜΟΠΟΙΗΘΕΙ Η ΧΑΡΤΟΓΡΑΦΗΣΗ ΜΥΑΛΟΥ ΓΙΑ ΤΗΝ ΠΑΡΟΥΣΙΑΣΗ ΕΝΟΣ ΕΡΓΟΥ;

Μπορείτε να το κάνετε αυτό, φυσικά. Ωστόσο, πρέπει να γνωρίζετε ότι αν αυτός ο χάρτης έχει νόημα για εσάς, τον δημιουργό του, δεν θα έχει απαραίτητα νόημα για τους άλλους. Ξεχάστε το προσχέδιο που χρησιμοποιήσατε για να αναπτύξετε τις ιδέες σας και ξαναδουλέψτε τον χάρτη του μυαλού σας, ώστε να είναι σαφής σε όσο το δυνατόν περισσότερους ανθρώπους. Παρουσιάστε έναν χάρτη όσο το δυνατόν πιο απλό, καλά δομημένο με χρώματα και λέξεις-κλειδιά. Η συνθετική και οπτική του πλευρά θα το καταστήσει, υπό αυτές τις συνθήκες, ένα εξαιρετικό εργαλείο επικοινωνίας.

- Είναι ένα εύκολο εργαλείο στην εκμάθηση- ο καθένας μπορεί να φτιάξει έναν χάρτη μυαλού.

- Η χαρτογράφηση του νου απαιτεί τη χρήση και των δύο εγκεφαλικών ημισφαιρίων, σε αντίθεση με τη γραμμική οργάνωση των ιδεών. Επιτρέπει έτσι την καλύτερη δόμηση των ιδεών.

- Είναι πολυλειτουργικό.

- Η καταγραφή διευκολύνεται με τη χρήση λέξεων-κλειδιών, εικονογραμμάτων και βελών.

- Ο οπτικός αντίκτυπος αυτού του εργαλείου σας επιτρέπει να τραβήξετε την προσοχή, τη δική σας για να συγκεντρωθείτε καλύτερα στις ιδέες σας ή του κοινού σας για να σας ακούσει καλύτερα, δεδομένης της πρωτότυπης, παιχνιδιάρικης και δημιουργικής μορφής του.

- Όταν παρουσιάζετε σε ένα ακροατήριο, η ομιλία σας θα είναι εύκολα προσαρμόσιμη και θα φαίνεται πιο ευέλικτη και φυσική χάρη στη χρήση ενός χάρτη του μυαλού: θα μπορείτε να μετακινηθείτε εύκολα από τη μία ιδέα στην άλλη χωρίς να χάνετε τον ειρμό της σκέψης σας.

- Ο χάρτης μυαλού παρέχει μια γρήγορη επισκόπηση του θέματος στο σύνολό του, διευκολύνοντας την κατανόηση των δεσμών μεταξύ των διαφόρων στοιχείων.

- Τέλος, η παρουσίαση των ιδεών σας με αυτόν τον τρόπο σας βοηθά να τις θυμάστε.

ΠΩΣ ΝΑ ΔΙΑΒΑΣΕΤΕ ΕΝΑΝ ΧΑΡΤΗ ΜΥΑΛΟΥ;

Ένας χάρτης νου διαβάζεται από το κέντρο προς τα έξω. Το διάγραμμα διαβάζεται συνήθως από πάνω δεξιά και στη συνέχεια δεξιόστροφα.

Μπορείτε, βέβαια, να ακολουθήσετε μια πιο προσωπική προσέγγιση, για παράδειγμα, αν μόνο ένα συγκεκριμένο τμήμα του χάρτη μυαλού είναι σημαντικό για εσάς. Στην περίπτωση αυτή, μπορείτε να επικεντρωθείτε σε ένα συγκεκριμένο τμήμα του χάρτη ή να τον διαβάσετε συνολικά, επισημαίνοντας ό,τι σας ενδιαφέρει ιδιαίτερα.

ΠΡΕΠΕΙ ΝΑ ΧΡΗΣΙΜΟΠΟΙΗΣΩ ΛΟΓΙΣΜΙΚΟ ΓΙΑ ΝΑ ΧΑΡΤΟΓΡΑΦΗΣΩ ΤΙΣ ΙΔΕΕΣ ΜΟΥ;

Όπως είδαμε, ένα απλό κενό φύλλο χαρτί είναι το μόνο που χρειάζεστε για να δημιουργήσετε έναν χάρτη του μυαλού. Τώρα, όλα εξαρτώνται από το επίπεδο στο οποίο θέλετε να φτάσετε με αυτό το εργαλείο. Εάν πρόκειται για προσωπική χρήση, ένα πρόγραμμα λογισμικού θα διευκολύνει σίγουρα τη δουλειά σας, αλλά δεν είναι πραγματικά υποχρεωτικό. Από την άλλη πλευρά, αν είστε επαγγελματίας, είναι σκόπιμο, για λόγους ρεαλισμού, ταχύτητας και παραγωγικότητας.

ΧΡΕΙΑΖΕΤΑΙ ΝΑ ΕΧΩ ΠΡΟΧΩΡΗΜΕΝΕΣ ΓΝΩΣΕΙΣ ΠΛΗΡΟΦΟΡΙΚΗΣ;

Όχι. Το ελεύθερο λογισμικό όπως το Freemind είναι πολύ απλό. Όλα έχουν σχεδιαστεί τόσο για αρχάριους όσο και για έμπειρους. Ας πούμε απλώς ότι μια βασική γνώση του λογισμικού γραφείου (Word, Libre Office, κ.λπ.) θα σας βοηθήσει να αποκτήσετε γρήγορα τον χειρισμό του εργαλείου.

ΜΠΟΡΕΙ Η ΧΑΡΤΟΓΡΑΦΗΣΗ ΤΟΥ ΜΥΑΛΟΥ ΝΑ ΜΕ ΒΟΗΘΗΣΕΙ ΣΤΙΣ ΣΠΟΥΔΕΣ ΜΟΥ;

Η χαρτογράφηση του νου προσφέρει πολλές δυνατότητες στους μαθητές:

- να κρατάτε σημειώσεις ,

- για να συνοψίσετε ένα βιβλίο,

- να επαναλάβουν τα μαθήματά τους πριν από τις εξετάσεις και να απομνημονεύσουν τα σημαντικά στοιχεία,

- να οργανώσουν τις ιδέες τους πριν αρχίσουν να γράφουν μια εργασία,

- να σχεδιάσουν το έργο τους,

- κ.λπ.

ΕΝΑΣ ΧΑΡΤΗΣ ΜΥΑΛΟΥ ΓΙΑ ΚΑΘΕ ΕΡΓΟ, ΑΛΗΘΕΙΑ;

Θα μπορούσε να χρησιμοποιηθεί, για παράδειγμα, για την καλλιέργεια ενός λαχανόκηπου; Ναι, μπορείτε! Ας πάρουμε το εξαιρετικό σας παράδειγμα με τον λαχανόκηπο ως κύριο θέμα. Από εκεί θα ξεκινήσουν τα κλαδιά με τα δενδρύλλια, τις ποικιλίες λαχανικών, τις εποχές, τις μεθόδους καλλιέργειας, τα εργαλεία κηπουρικής, τα λιπάσματα κ.λπ. Αυτό είναι ένα μοντέλο μικρής κλίμακας- θα μπορούσατε να χρησιμοποιήσετε τη χαρτογράφηση του νου για να δημιουργήσετε ένα επιχειρηματικό σχέδιο ή για να κερδοσκοπήσετε στο χρηματιστήριο!

ΑΠΟ ΕΣΑΣ ΕΞΑΡΤΑΤΑΙ!

Ο χάρτης μυαλού σε πέντε βήματα:

ΣΤΑΔΙΟ 1

Κάντε το κύριο θέμα του χάρτη του μυαλού σας – στο παρά-
δειγμά μας "η εκμάθηση μιας γλώσσας" – δικό σας, δίνοντάς
του μια υποβλητική εικόνα ή ένα σχέδιο που θα έχει πιο
άμεσο αντίκτυπο στο μυαλό από ό,τι οι απλές λέξεις.

ΒΗΜΑ 2

Τοποθετήστε αυτή την εικόνα στο κέντρο του χαρτιού σας,
ενδεχομένως με το κύριο θέμα, και χρωματίστε την με διά-
φορα χρώματα ώστε να τραβήξει την προσοχή σας. Προσθέστε
όγκο, σκιές, λεπτομέρειες κ.λπ. Φροντίστε το, είναι η καρδιά
του έργου σας.

ΒΗΜΑ 3

Ξεκινήστε προσθέτοντας 5 έως 12 κλαδιά στο χάρτη για να
καταγράψετε τις πρώτες σας ιδέες (λέξεις-κλειδιά) και εικόνες
(εικόνες-κλειδιά). Να έχετε πάντα κατά νου το θέμα (κεντρική
ιδέα) που έχετε επιλέξει. Σε αυτό το στάδιο, αν σας έρχονται
ήδη συνειρμοί ιδεών, αφήστε τους να έρθουν και δημιουργή-
στε ήδη υποκλάδους- δεν χρειάζεται να περιορίσετε τον
εαυτό σας μόνο και μόνο για να κάνετε τα πράγματα με τη
σειρά.

ΒΗΜΑ 4

Εμπλουτίστε τον χάρτη σας με νέες εικόνες και λέξεις-κλειδιά που σχετίζονται με τις προηγούμενες (αυτές του "πρώτου επιπέδου"). Χαλαρώστε και οξύνετε τη σκέψη σας. Ωρίμασε τις ιδέες σου αναπτύσσοντας τα κλαδιά του χάρτη του μυαλού σου.

ΒΗΜΑ 5

Συνεχίστε με το ίδιο πνεύμα και επεκτείνετε τον χάρτη του μυαλού σας μέχρι να σας αρέσει το αποτέλεσμα. Τώρα μπορείτε να προσθέσετε όλες τις λεπτομέρειες που θα ολοκληρώσουν και θα βελτιώσουν το έργο σας.

- Υπογράψτε τα σχέδια, εμβολιάστε άλλους.

- Αναδιοργανώστε τις ιδέες ανάλογα με τις ανάγκες (κάτι που είναι πάντα ευκολότερο αν εργάζεστε με λογισμικό).

- Προσθήκη/αλλαγή/αφαίρεση χρωμάτων.

- Αναδιαρθρώστε το περιεχόμενο.

- Εισάγετε εικονογράμματα.

- Χρησιμοποιήστε τη φαντασία σας, εμπλουτίστε το.

ΓΙΑ ΝΑ ΠΡΟΧΩΡΗΣΕΤΕ ΠΕΡΑΙΤΕΡΩ

ΒΙΒΛΙΟΓΡΑΦΙΚΕΣ ΠΗΓΕΣ

DELADRIÈRE (Jean-Luc), LE BIHAN (Frédéric), MONGIN (Pierre) και REBAUD (Denis), *Organisez vos idées avec le Mind Mapping*, Παρίσι, Dunod, 2004-2007.

DELANGAIGNE (Xavier) και MONGIN (Pierre), *Αυξήστε την αποδοτικότητά σας με τα FreeMind, FreePlane και Xmind. Bien démarrer avec le Mind Mapping*, Παρίσι, Eyrolles, 2010.

ΠΡΟΣΘΕΤΕΣ ΠΗΓΕΣ

Ιστοσελίδα Mindomo.
https://www.mindomo.com/fr/
Ιστοσελίδα του MindMeister.
https://www.mindmeister.com/fr
Ιστοσελίδα της MindJet.
http://www.mindjet.com/
Ιστοσελίδα του MindNote
https://mindnode.com/

Θέλουμε να σας ακούσουμε!
Αφήστε ένα σχόλιο για την ηλεκτρονική σας βιβλιοθήκη
και μοιραστείτε τα αγαπημένα σας βιβλία στα μέσα κοινωνικής δικτύωσης!

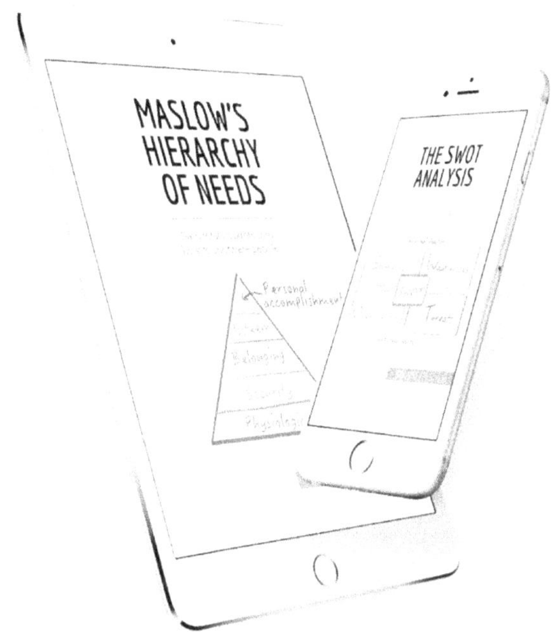

IMPROVE YOUR
GENERAL KNOWLEDGE
IN THE BLINK OF AN EYE!

Κύριο ISBN: 9782808664264
ISBN: 9782808671682
Νόμιμη κατάθεση: D/2023/12603/490

Ψηφιακός σχεδιασμός: Primento,
ο ψηφιακός συνεργάτης των εκδοτών.

www.ingramcontent.com/pod-product-compliance
Lightning Source LLC
LaVergne TN
LVHW010845200726
843508LV00012B/2762